青春的一抹彩色

影迷公主陳寶珠

限量簽名版

「曹雪芹筆下的史湘雲應該像她這樣，爽朗伶俐英姿勃勃，毫不費力便討人喜歡。
她飾演怡紅公子也很稱職，待人接物那種貴氣的體貼，學也學不來。
難怪追隨左右的影迷海枯石爛忠心不渝，青春的一抹彩色永不減褪。」—— 邁克

0205 / 1000

三聯書店
Joint Publishing (H.K.)

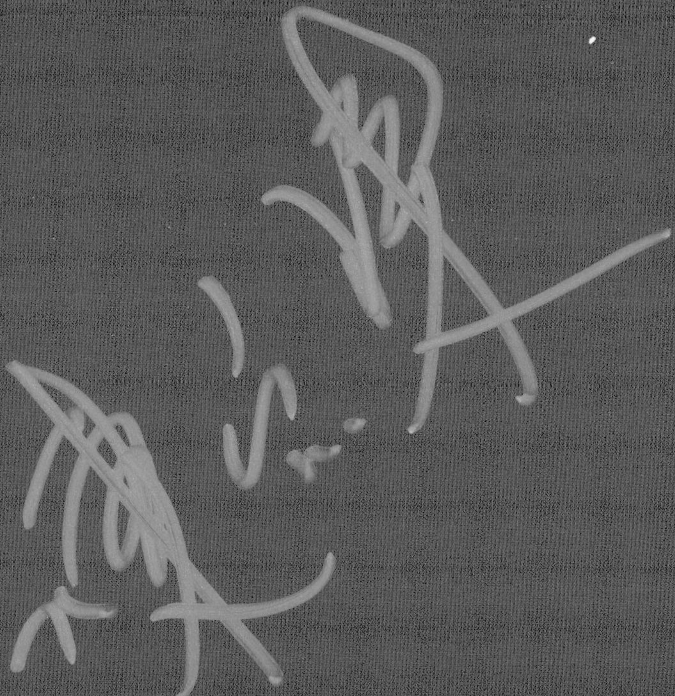

青春的一抹彩色

要容納每個人，
也要使每個人容納我。

——陳寶珠的人生座佑銘

青春的一抹彩色（代序）

邁克

每次見到寶珠姐，總有點手足無措，不僅僅因為她是昔日可望不可即的偶像，更因為她人品實在好，尊敬自然而然化作小心翼翼，唯恐在她面前行為稍有不檢萬劫不復。自慚形穢心理，你懂的。

那些昔日，悉數蘊藏在南洋小島。炎熱的下午說多平淡有多平淡，全賴銀幕上的畫面提供顏色，縱使菲林不過是黑與白和重重疊疊的灰，經想像力輕輕一渲染，頓時都具備伊士曼的繽紛，不論是孝女珠珠的眼淚抑或女殺手的面具，無不在色板找到位置，發酵為萬紫千紅。我還曾經獲得明星紆尊降貴隨片登台的額外福利，三天前排隊預訂門票，坐在觀眾席浸淫在得睹天仙下凡的優越感裏，為日後追星生涯埋下伏線。

是《姑娘十八一朵花》嗎？大概是的，否則幾十年後舊事重溫，那首塵封的插曲不會在耳膜自動響起，旋律頓挫分明，歌詞幾乎一字不漏：「破碎心復罹情劫，縱偷生也無溫暖，三生約已不可踐，只願一死化杜鵑。情愛多惹恨，莫使後世流傳，沉痛滅表記，如萬箭穿方寸。」大人常說，照相機似的記憶力用來背書，恐怕早就中狀元，信焉。

然後時間一跳跳到二〇〇四年，仙姐發起紀念任姐活動，有幸擔任打雜的我從李後主詞偷取一句，湊數成為慈善演出總題《重按霓裳歌遍徹》，自覺交了差，心安理得跟在背後看排戲。第一次見到現實中的寶珠姐，場地是大會堂低座展覽廳，有事無事的人黑鴉鴉擠成一片，她安安靜靜坐在一角，為《折梅巧遇》的裴禹做準備功夫。教戲的和演戲的都是殿堂級傳奇，門外漢自知良機可一不可再，聚精會神觀摩，樂趣比欣賞正式演出尤甚。

想不到的是，隔了九年居然排演足本《再世紅梅記》，這次的經驗更寶貴，目睹她一步步把山西才子打磨成立體人物，由最初的戰戰兢兢，逐漸衣袂盈香揮灑自如，香港文化中心首演之夜謝幕的時候，為她感到驕傲之餘禁不住流下開心的眼淚。

一直認為，曹雪芹筆下的史湘雲應該像她這樣，爽朗伶俐英姿勃勃，毫不費力便討人喜歡。《紅樓夢》第四十九回眾人盛讚的小子造型，「原比她打扮女孩兒更俏麗些」，我們在《武林聖火令》和《聖火雄風》早就見識過了，可惜戲曲素來不作興將枕霞舊友搬上舞台，白白浪費了現成的好材料。當然，她飾演怡紅公子也很稱職，待人接物那種貴氣的體貼，學也學不來。難怪追隨左右的影迷海枯石爛忠心不渝，青春的一抹彩色永不減褪，施和受雙方同樣幸福。

初踏台板

時約六歲，當時尚未反串。

《雙孝女萬里尋親》，1960 年。

隨粉菊花師傅表演紅綢舞。

《王伯黨招親》造型。

與梁寶珠合組「孖寶劇團」，攝於半島酒店。

粵劇《六國大封相》造型。

演京劇《三岔口》。

上：與救世軍小學方印朝校長女兒合照。

下：與梁醒波女兒梁寶珠合照。

時約十三歲。

豐盛年華

《芙蓉神》唱片封面造型。

《七彩封神榜》，1967 年。

左、右：《金鼎游龍》，1966年。

左、右：《七彩胡不歸》，1966 年。

《孝女珠珠》戲中飾演穆桂英，1966年。

《無字天書》造型照，1965 年。

《江湖第一劍》，1969 年。

《八荒英雄》，1965 年。

《玉女英魂》，1965 年。

攝於郊外。

攝於家中。

《迷人小鳥》，1967 年。

攝於國際影樓。

攝於影樓。

《迷人小鳥》，1967 年。

《貓眼女郎》，1967 年。

攝於沙龍影樓。

攝於喜宴。

《死亡通行證》，1967 年。

《愛他、想他、恨他》造型照，1968 年。

《孝女珠珠》，1966 年。

《黑野貓霸海揚威》，1967 年。

攝於國際影樓。

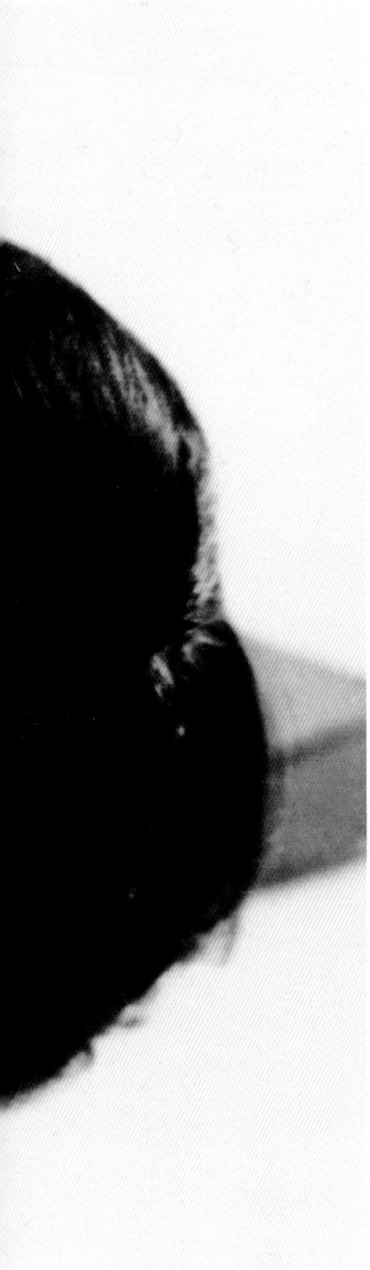

攝於國際影樓。

《姑娘十八一朵花》，1966 年。

《孝女珠珠》，1966 年。

《玉女相思》，1967 年。

銀壇七公主畫集

陳寶珠七彩封神榜

影迷沙龍
陳寶珠孝女珠珠畫冊
孝女珠珠最新電影插曲落齊

一九七〇年春季
陳寶珠小姐遊美特刊

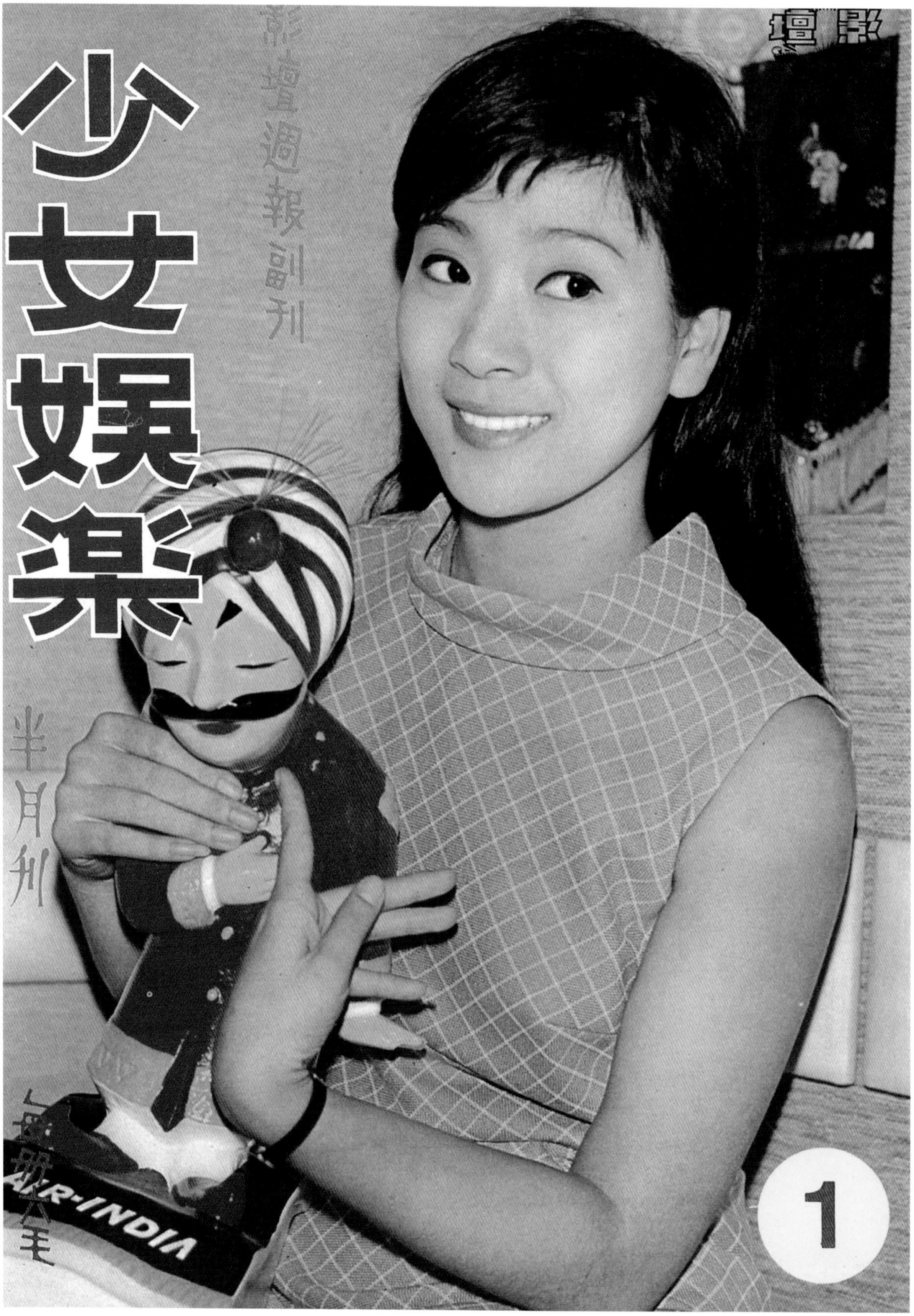
影壇
少女娛樂
影壇週報副刊
半月刊
AIR-INDIA
1

陳寶珠彩色新集
電影彩色巨片
彩色青春
影迷公主
精彩曲詞

陳寶珠·蕭芳芳
青春生活

陳寶珠
蕭芳芳
彩色青春畫冊
看：影迷公主陳寶珠銀壇玉女蕭芳芳
最新流行舞蹈・美麗時裝介紹・
「彩色青春」全部曲詞落齊

陳宝珠．蕭芳芳
海浴風光
本期剪證贈陳寶珠生活相片
報導銀壇玉女陳寶珠蕭芳芳最新生活相片場風光內容豐富
銀色畫冊

影迷沙龍
精采曲詞
玉女生活
全部落齊
多采多姿
陳寶珠第一號女探員畫册
徵求定戶 大量贈送寶珠生活照片

新春畫報
陳寶珠
蕭芳芳
恭喜
發財

影壇週報
YING TAN WEEKLY
7
24
26
恭賀新禧
46
馮寶寶有三個新計劃
54
1
本報是環銷東南亞美洲唯一最迅速報導電影新聞的權威星期刊物
73
85
94

陳寶珠与西遊

江湖第一劍
⑤
曹達華
陳寶珠

三看御妹劉金定
陳寶珠，蕭芳芳

歌唱畫冊
影迷沙龍
南紅
陳寶珠
再世紅梅記

陳寶珠
多姿多采的傑作
電影故事正本

周鳴主編
「紅葉戀」精采曲辭全部落齊
陳寶珠呂奇紅葉戀畫冊
影迷沙龍
每冊一元

「迷人小鳥」陳宝珠 畫報
志聯影業公司出品

陳寶珠與
多情妙賊
購買多情妙賊畫刊
陳寶珠請你睇電影

影色巨片
電影故事

電影畫集

給我一個吻
每冊七毛

彩色闊銀幕 陳宝珠 呂奇 主演
莫負青春

通緝令
陳寶珠
胡楓
領銜主演

陳寶珠 森森
相思甜如蜜
購買畫刊
免費招待
欣賞電影

紅寶影業公司巨製
玉女心
陳宝珠自資拍攝精心傑作

陳寶珠
呂奇
娘惹之恋畫冊
周則鳴主編
星架坡實地拍攝椰風蕉雨美麗風景
每冊一元

陳寶珠：女賊黑野貓
本年度陳宝珠代表作

陳寶珠新集

1967陳寶珠畫冊
一周畫報
NO.2
40c
PICTORIAL WEEKLY
PW
電影・戲劇・電視・廣播・娛樂綜合體
少女娛樂
3
陳寶珠畫冊
每冊六角
女星馬生活傳真
陳寶珠與影友
陳寶珠綜合藝術
影迷沙龍
陳寶珠新年畫冊
陳寶珠影集
陳寶珠新片畫集
陳寶珠紅星動態・石榴裙下眾生相
少女樂園
3
陳寶珠
電影生活
陳寶珠時裝集
最新
明星時裝與髮型
陳寶珠畫報

影壇週報
YING TAN WEEKLY
101
103
104
106
109
120
報週壇影
9
YING TAN
138
YING TAN
WEEKLY
141
YING TAN
WEEKLY
恭賀新禧
144
YING TAN
145
YING TAN
147
YING TAN

陳寶珠畫集

玉女寶珠
歌唱畫冊
影迷沙龍

溫婉柔靜

攝於香港家中露台，1972 年。

攝於香港家中露台，1972 年。

與楊占美在拉斯維加斯訂婚，1973 年。

結婚當天出門前在家斟茶給母親，1974 年。

與楊占美在美國羅省酒店結婚，1974 年。

攝於酒店花園，1974 年。

攝於香港家中，1974 年。

攝於美國家中，1975 年。

攝於夫家，時為兒子滿月，1975 年。

攝於香港家中，1978 年。

左上：在娘家慶祝兒子四歲生日，1979 年。

左下：母子裝，攝於香港家中，1978 年。

上：在娘家慶祝兒子三歲生日，1978 年。

攝於香港家中，1978 年。

攝於娘家赴宴前，1977 年。

左、右：攝於香港家中，1978 年。

攝於香港家中，1978 年。

攝於香港家中，1979 年。

左、右：攝於加拿大家中，九十年代。

攝於加拿大家中，1996 年。

攝於 2008 年。

攝於青島旅行途中，2002 年。

攝於《煙雨紅船》慶功宴，2001 年。

為香港血癌基金出席慈善籌款藝術聯展開幕活動，2016 年。

攝於澳門，2015 年。

再現芳華

《劍雪浮生》中飾任劍輝，1999 及 2005 年，共演 132 場，攝於化妝室。

《劍雪浮生》中飾李後主，1999 年。

《劍雪浮生》中演《帝女花・香夭》，1999 年。

《劍雪浮生》中飾《鍾無艷》之齊王，2005 年。

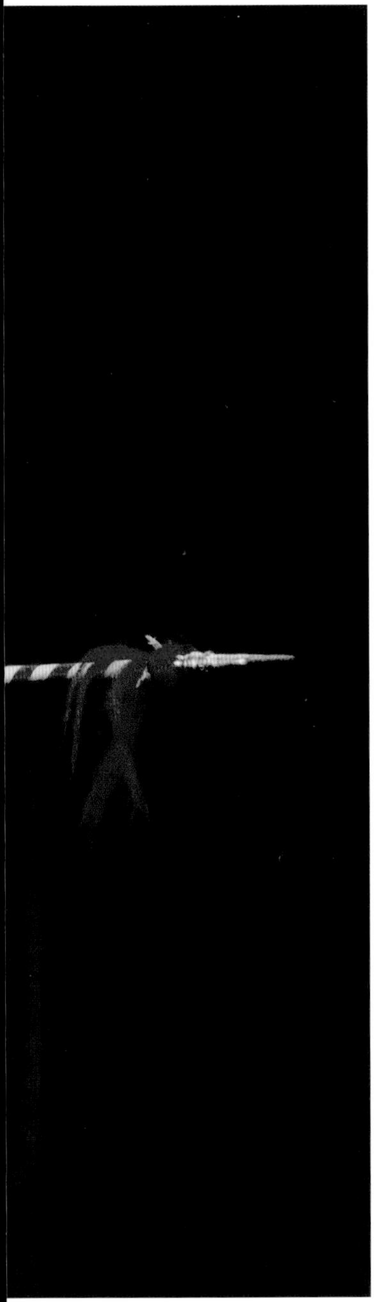

《劍雪浮生》中飾李後主，2005 年。

《煙雨紅船》中飾靚俏佳，2000 至 2001 年，共演 70 場。

左、右：《煙雨紅船》，2000 至 2001 年。

左、右：《陳寶珠黎喇》，2003 年，共演 5 場。

《陳寶珠與香港中樂團音樂會》中演唱《天之驕子》插曲，2006 年。

《陳寶珠與香港中樂團音樂會》中演唱時代曲，2006 年。這是第一位藝人在機場的亞洲國際博覽館演出。

《天之驕子》中飾孟麗君，2006 年，共演 50 場。

左、右：《天之驕子》，2006 年

左、右：《我愛萬人迷》中飾曾讓開，2009 年，共演 26 場。

《俏柳紅梅》之《俏潘安》，2010 年，共演 5 場。這是香港第一次在「紅館」演出粵劇。

《俏柳紅梅》之《柳魏毅傳書》，2010 年。

《俏柳紅梅》之《紅樓夢．幻覺離恨天》，2010 年。

《俏柳紅梅》之《再世紅梅記 · 折梅巧遇》，2010 年。

左、右：《紅樓夢》，2012 年，共演 15 場。圖為《紅樓夢・黛玉進府》。

《紅樓夢・探病》，2012 年。

 《紅樓夢・葬花》，2012 年。

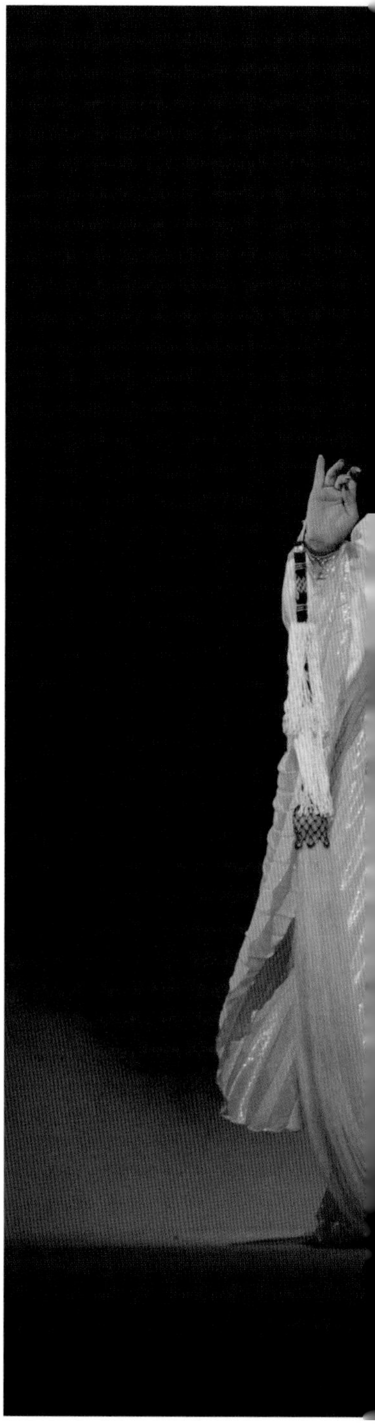

左：《紅樓夢．洞房驚變》，2016 年。

右：《紅樓夢．幻覺離恨天》，2016 年。

左、右：《陳寶珠來了》，2011 年。演出地點新加坡聖淘沙名勝世界會議中心。

左、右：《李後主・去國歸降》，2012 年。這是為香港八和會館籌款的演出。

左、右：《再世紅梅記》，2014 年，共演 28 場。圖為《再世紅梅記．觀柳還琴》。這是為任白慈善基金籌款的演出。

《再世紅梅記・脱穽救裴》，2014 年。

《再世紅梅記．脱穽救裴》，2014 年。

 《再世紅梅記・蕉林鬼別》，2014 年。

《再世紅梅記》謝幕，2014 年。

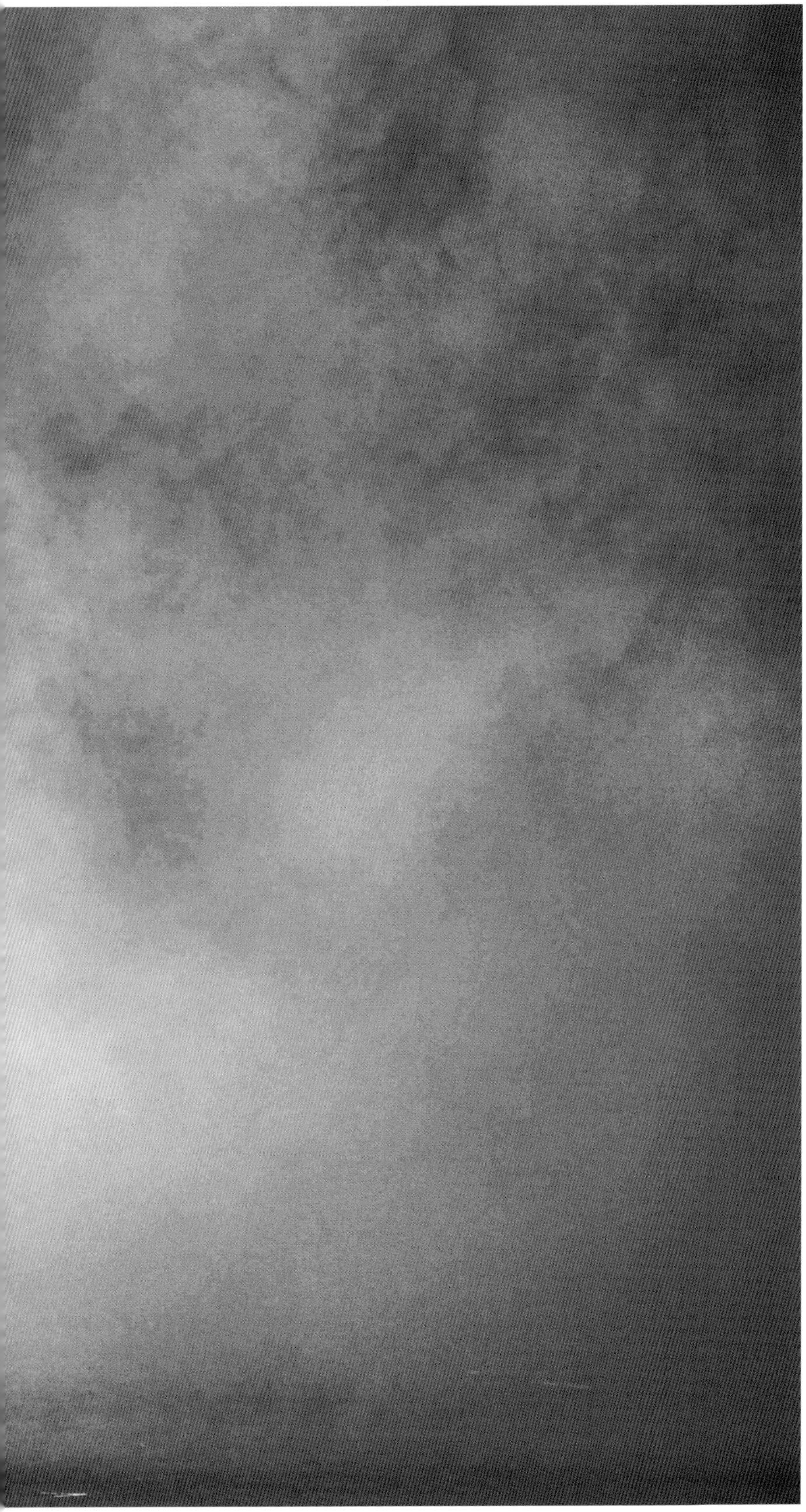

《牡丹亭驚夢》，2016 年，共 27 場。
圖為《牡丹亭驚夢 · 遊園驚夢》。

 《牡丹亭驚夢．拾畫》，2016 年。

《牡丹亭驚夢・幽媾》，2016 年。

《牡丹亭驚夢·認母》，2016 年。

《牡丹亭驚夢》謝幕，2016 年。

寶珠姐

鳴謝

本書的編纂過程得以順利完成，誠蒙陳寶珠女士的鼎力襄助，亦獲下列人士或機構在訪問、撰文、資料搜集等各方面給予大力支持，特此鳴謝。

（敬稱略）

Susan Cheung

王楚君

王愛明

石琪

杜國威

汪曼玲

李冠儀

沈芝華

周月娥

林國玉

洛楓

胡楓

奚仲文

區嘉雯

張建德

張結鳳

張綺霞

梅雪詩

梵谷

陳佩英

陳善之

陳銀珍

麥慶潮

陸明敏

傅慧儀

馮素波
馮寶寶
黃志華
黃志慧
黃秀蓮
黃慕茵
梁海平
梁偉珍
楊天經
董培新
蒲鋒
廖玉蟬
鄧達智
鄭佩佩
鄭政恆
鄭美姿
盧子英
蕭芳芳
薛美琪
薛家燕
邁克
鍾景輝
羅卡
關錦鵬

蘇美智
蘇耀昌

大公報
字花
任白慈善基金
亞洲國際博覽館
明報
明報周刊
香港文化中心大劇院
香港演藝學院
香港體育館（紅館）
信報
南方都市報
星島日報
經濟日報
新加坡濱海藝術中心
蘋果日報

本著作扣除必要開支，所有版稅將全數捐給香港血癌基金。

青春的一抹彩色

美制指導　　奚仲文
圖片編輯　　李安
書籍、包裝設計　　姚國豪

出　版　　三聯書店（香港）有限公司
香港北角英皇道四九九號北角工業大廈二十樓
Joint Publishing (H.K.) Co., Ltd.
20/F., North Point Industrial Building,
499 King's Road, North Point, Hong Kong
香港發行　　香港聯合書刊物流有限公司
香港新界大埔汀麗路三十六號三字樓
印　刷　　美雅印刷製本有限公司
香港九龍觀塘榮業街六號四樓 A 室
版　次　　二〇一六年十二月香港第一版第一次印刷
規　格　　大十六開（210mm × 280mm）一六〇面
國際書號　　ISBN 978-962-04-4095-3（套裝）

三聯書店
http://jointpublishing.com
JPBooks.Plus
http://jpbooks.plus